陆机·平复帖

中国历代书家墨迹辑录

江西美术出版社

書乃得㝡晴華或有論其華法圓渾如太羹玄酒
者今細衡之乃不盡然惟安麓村所記謂此帖大非章
草運華猶存篆法似為得之矣余素不工書而嗜
古成癖聞有前賢名翰恒思目玩手摩以窺尋其
旨趣不意垂老之年忽覯此神明之品歡喜贊
歎心懌神怡半載以來閉置危城沈憂煩鬱之
懷為之渙釋伯駒家世儒素雅擅清裁大隱王城
古懽獨契宋元劇蹟精鑑靡遺卜居城西与余衡
宇相望頻歲過從賞奇析異為樂無極今者鴻
寶來投蔚然為法書之弁冕墨緣清福殆非偶
然從此牙籤錦裹什襲珍藏且視在在處處有神
物護持永離水火蟲魚之厄使昔賢精魄長存
於尺幅之中與日月山河而並壽寧非幸歟
歲在戊寅正月下澣江安傅增湘識

此帖本末沅叔同年之跋言之詳矣顧尚有軼聞可補者
翁文恭日記辛巳十月初十於蘭翁處得見陸平原平復帖
手迹紙墨沈古筆法全是篆籀正如禿管鋪於絙上不見
起止之迹後有香光一跋而已前後宣和印安岐印張丑印
宗高宗題籤董香光籤成親王籤此卷為成哲親王分府
時其母太妃所手授故以詒晉名齋後傳至治貝勒貝勒
死今隸恭邸邸以贈蘭孫相國文恭所言如此辛巳為光
緒七年是在李文正處矣何以又歸恭邸詢之文正長公
子符曾侍郎始知帖留數月即以還邸故今仍自邸出也
伯駒屬為記此不使後之讀文恭日記者有所疑也惟
據詒晉齋詩帖為孝聖憲皇后遺賜而文恭言分府
時母太妃手授則傳聞之誤當為訂正戊寅九月並進趙
椿年識於北京漢魏五碑之館時年七十有一
高宗為徽宗之誤 叔璋

定梁蕉林侍郎家曾摹刻於秋碧堂帖安麓邨初
得觀於梁氏記入墨緣彙觀中然攷卷中有安儀
周珍藏印則此帖旋歸安氏可知至由安氏以入内府
其年月乃不可悉乾隆丁酉成親王以孝聖憲皇后
遺賜得之遂以詒晉名齋集中有一跋二詩紀之嗣傳
於貝勒載治攺題為秘晉齋同先聞轉入恭親王邸
嗣王溥偉為文詳誌始末并補録成邸詩文於卷
尾此近世授受源流之大略也或疑純廟留情翰墨
凡秘府所儲名賢墨妙靡不遍加品題并萃成寶
刻冠以三希何乃快雪之前獨遺平原此帖顧愚
意揣之不難索解觀成邸手記明言為壽康宮
陳列之品宮在乾隆時為聖母憲皇后所居緣
其地屬東朝未敢指名宣索洎成邸以皇孫拜賜
又為遺念所頒決無復進之理故藏内禁者數十
年而不獲上邀宸賞物之顯晦其亦有數存耶余
與心畬王孫昆季締交垂二十年花晨月夕觴詠
盤桓邸中所藏名書古畫如韓幹蕃馬圖懷素
書苦筍帖魯公書告身温日觀蒲桃號為名品
咸得寓目獨此帖秘惜未以相示丁丑歲暮鄉人
白堅甫来言心畬新遭親喪資用浩穰此帖將待
價而沽余深愳絕代奇蹟倉卒之間所託非人或
遠投海外流落不歸尤堪嗟惜乃走告張君伯
駒慨擲鉅金易此寶翰視馮涿州當年之值殆
騰昂百倍矣嗟乎黄金易得絕品難求余不僅
為伯駒賡得寶之歌且喜此秘帖幸歸雅流為尤
足賀也翊日賫来留案頭者竟日晴窗展翫古香
馣藹神采煥發帖凡九行八十四字字奇古不可盡
識紙似蠶繭造年深頗渝敝墨色有緑意筆力堅
勁倔強如萬歲枯藤與閣帖晉人書不類昔人謂

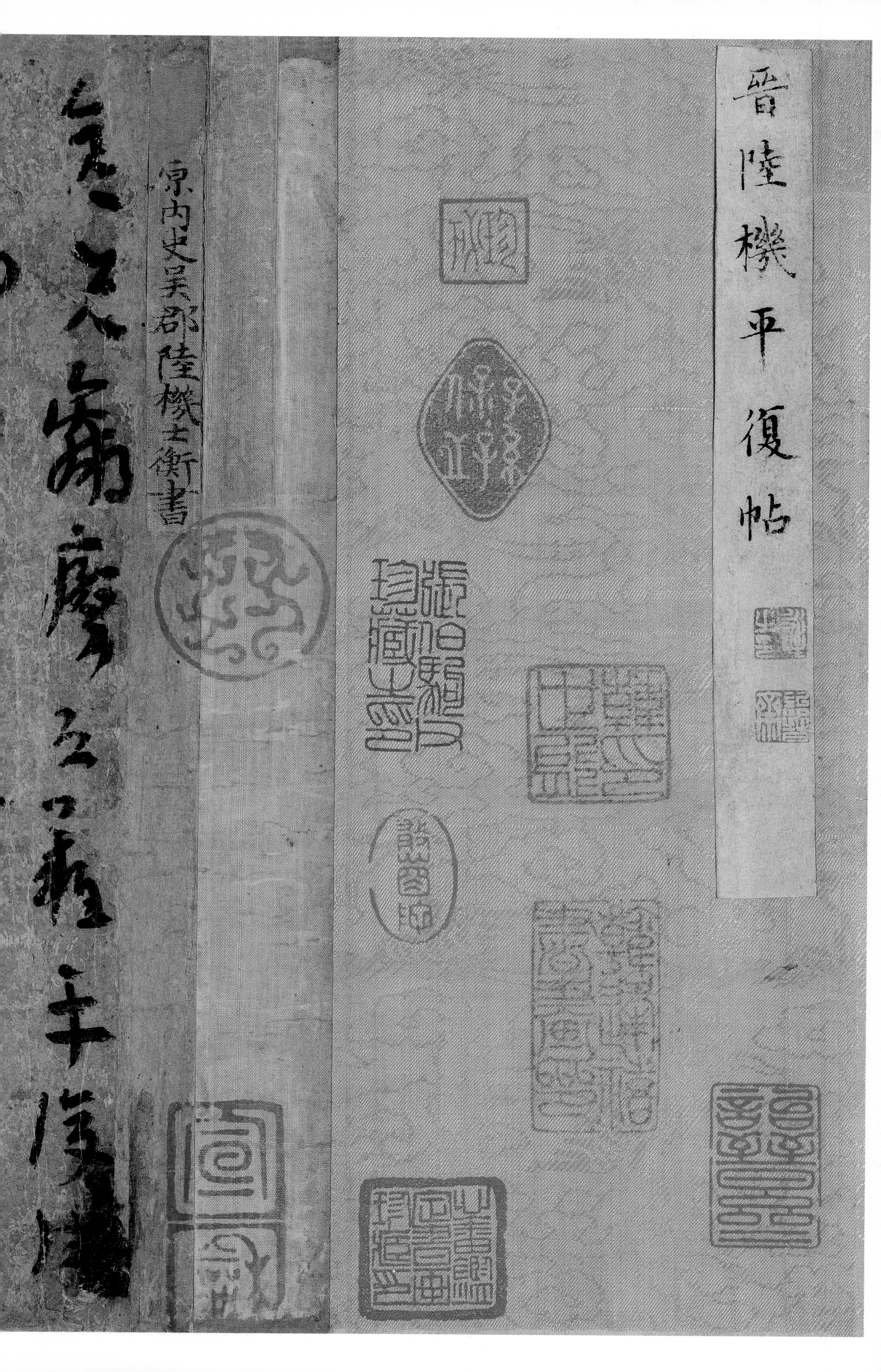

晉陸機平復帖
京内史吴郡陸機士衡書

夫墨為好後七十二功
先手執住而未王羲之
次而後來家傳傳法王勤
無變由張鍾之墨妙里臧
墨之湧邊七執行至多之
獨之是以草之舞家之法
切不生

玄濟南張斯立東鄆楊青堂同觀又雲間郭天錫拜觀又滏
陽馬昫同觀後或將元人題字析售於歸希之配在偽本
勘馬圖尾帖歸王際之售於馮涿州得值三百緡云、此卷
宣和金字籤其貞則未記載至帖字與董其昌跋校之梁清
標秋碧堂刻無毫髮異其入
內府年月不可考

詒晉齋題平復帖詩

傖父何能擅賦才殊邦羈旅事堪哀夢中黑幰功名盡
身後丹砂著作推丞相有求生二俊將軍無命到三台
鍾王之際存神物緬邈千年首重回（宋槧有二俊集）

詒晉齋紀書詩

平復真書北宋傳元常以後右軍前
慈寧宮殿春秋閟拜手擎歸丁酉年（丁酉夏 上頒 孝聖憲皇后遺賜臣永得）

右一記二詩共二百八十一字　溥偉并記

晉陸機平復帖墨跡

昔王僧虔論書云陸機吳士也無以較其多少庾肩
吾書品列機於中之下而惜其以弘才掩迹唐李嗣
真書品後則置之下上之首謂其猶帶古風觀
彼諸家之論意士衡遺蹟自六朝以來傳世絕罕
故無以評定其甲乙耶惟宣和書譜載御府所藏
二軸一為行書望想帖一為章草即平服帖也今望
想帖久已無傳惟此帖如魯靈光殿巋然獨存二
千年來孤行天壤間此洵曠代之奇珍非僅墨林之
瑰寶也董玄宰謂右軍以前元常以後惟此數行為
希代寶至哉言乎宣和書譜言平服帖作於晉武帝
初年前右軍蘭亭燕集敘大約百有餘歲此帖當、
屬最古云今人得右軍書數行已動色相告矜為星
鳳矧此為晉初開山第一祖墨乎（此亦董玄宰語）第此帖自宣
和御府著録後祇存徽宗泥金籤題六字相傳有元
代濟南張斯立東鄆楊青堂雲間郭天錫滏陽馬昫
諸人題名亦早為肆估折去其宗元以來流轉蹤迹殆

鍾太傅薦季直表非真跡且已毀平原此帖遂
為法帖之祖前賢交贊無待重言就余所見帖
或為唐摹或為宋臨觀夫三希堂可知矣矣
誠未能如董思翁所云世傳晉跡未有若此而無
疑義者余初獲觀於鄂省展覽會望洋興嘆
者久矣終以傳沅叔年伯力以心畬王孫毅然相讓
以項子京收藏之富清高宗搜羅之廣而獨未得
此帖余何幸得之不能不謂天待我獨厚也　見字下遺晉字
中州張伯駒識

晉陸士衡平復帖一卷凡九行章草書如篆籀多不可識有瘦金
籤及雙龍宣政諸璽元人曾跋其後不知何時入於
內府乾隆間以之
賜成哲王王受而寶之名其齋曰詒晉且為題記頗詳惜未書
之卷中今僅有董氏一跋案宣和書譜收陸士衡書惟望想
帖與此帖而已在當時已屬希有況右軍以前之書傳至今日
其寶重為何如耶偉所藏晉唐以來名蹟百二十種以此帖為最
謹以錫晉名齋用誌古懽且深惜諸跋佚去使考古者無所證
乃補書詒晉諸題於後俾資鑒定時宣統庚戌夏日
恭親王溥偉識

詒晉齋記平復帖
陸機平復帖一卷在
壽康宮陳設乾隆丁酉大事後
頒遺賜孫臣永　拜受敬藏按

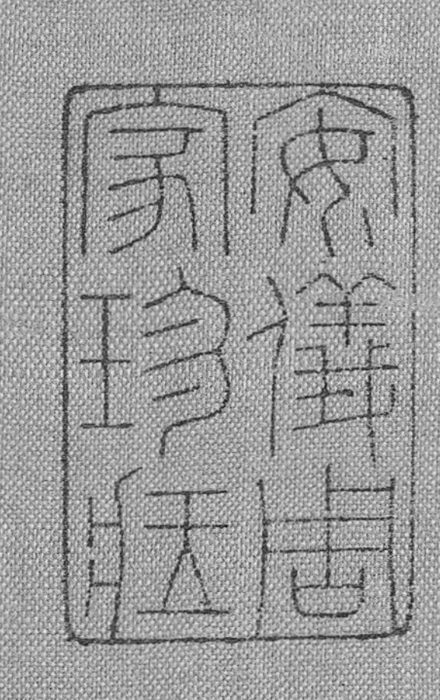

右平原真跡有徽宗標字及宣和
小璽蓋右軍以前元常以後唯存
此數行為希代寶余所題藏在辛
卯春時為庶吉士韓宗伯方為館
師故時時得觀名跡只第甲乙以此為
最惜世無善摹者予刻鴻堂帖不
及收之耳
甲辰冬十月朔董其昌跋

彦先羸瘵，孔难平复，往
属初病，虑不止此，此已为庆。年
大无男，幸为复失，甚优耳。
吴子杨往初来至，吾不能喜。
临西复来，威仪详跱，举动

成观，自躯体之美也。思识
赏之迈，前执所念，后宜
称之。闵行棠，寇乱之际，闻
问不悉。

图书在版编目（C I P）数据

陆机平复帖 / 尚天潇编. -- 南昌 : 江西美术出版社, 2015.2
（中国历代书家墨迹辑录）
ISBN 978-7-5480-3280-9
Ⅰ.①陆… Ⅱ.①尚… Ⅲ.①行草—法帖—中国—西晋时代 Ⅳ.①J292.23
中国版本图书馆CIP数据核字(2014)第313430号

出 品 人：汤 华
责任编辑：王国栋
编辑助理：楚天顺 哈 曼
书籍设计：李言伟
设计助理：刘霄汉
责任印制：谭 勋
企 划：北京江美长风文化传播有限公司

中国历代书家墨迹辑录 — **陆机平复帖**
ZHONGGUOLIDAISHUJIAMOJIJILU - LUJIPINGFUTIE

编 者 尚天潇
出 版 江西美术出版社
社 址 江西省南昌市子安路66号江美大厦
电 话 0791-86565506
网 址 www.jxfinearts.com
印 刷 北京金彩印刷有限公司
经 销 全国新华书店
开 本 635mm × 935mm 1/4
印 张 4
版 次 2015年2月第1版
印 次 2015年2月第1次印刷
印 数 5000
书 号 ISBN 978-7-5480-3280-9
定 价 28.00元

赣版权登字 06-2014-709

晉陸機平復帖

原內史吳郡陸機士衡書